Rainer Crummenerl

Leselöwen
Delfin-Wissen

Illustrationen von Udo Kruse-Schulz

Loewe

Der Umwelt zuliebe ist dieses Buch
auf chlorfrei gebleichtem Papier gedruckt.

ISBN-10: 3-7855-5027-8
ISBN-13: 978-3-7855-5027-4
2. Auflage 2006

Umschlagillustration: Udo Kruse-Schulz
Umschlaggestaltung: Andreas Henze
Printed in Germany (017)

www.loewe-verlag.de

Inhalt

Der Ritt auf dem Delfin

„Darf ich gehen, Mama?“ Jill steht an einem der großen Fenster in der Teestube ihrer Eltern und schaut sehnsüchtig nach draußen. Unten in der Bucht schaukeln kleine weiße Segelboote auf dem Wasser. Der Frühsommer des Jahres 1955 ist heiß in Neuseeland. Die meisten Kinder sind schon unten am Strand.

„Natürlich darfst du gehen“, sagt die Mutter. „Aber erst räumst du noch das Geschirr in den Schrank.“

Vorgestern musste Jill ihren Eltern versprechen, während der Ferien jeden Tag ein bisschen in der Teestube zu helfen. Obwohl die Badesaison noch gar nicht richtig begonnen hat, sind schon viele Urlauber im Ort. Alle wollen sie Opo sehen, den fröhlichen Delfin von Opononi. Seit fünf oder sechs Wochen besucht er regelmäßig die Bucht.

„Na gut“, sagt Jill und beginnt lustlos, Tassen und Teller auf ein großes Tablett zu stellen. In diesem Augenblick wird die Tür aufgerissen. Cindy, Jills beste Freundin, stürzt im Badeanzug herein. Von ihren Haaren tropft das Wasser. „Schnell“, keucht sie, „Opo ist wieder da!“

„Na, dann geh schon“, seufzt Frau Baker und greift nach dem Tablett. Sie weiß nur zu gut, dass sie gegen Opo nicht die geringste Chance hat. Aber es ist ja auch unglaublich: Da kommt plötzlich ein Delfin in die Bucht. Anfangs begleitet er die Fischer in sicherem Abstand, wenn sie mit ihren Booten hinausfahren. Nach und nach wird er immer zutraulicher. Und als er sich eines Tages mit einem Ruder Rücken und Bauch kratzen lässt, ist die Freundschaft mit den Leuten von Opononi besiegelt.

Hinter den beiden Mädchen fällt die Tür ins Schloss. Nun trägt auch Jill ihren Badeanzug.

Schon von weitem sehen sie, dass sich am Strand hunderte von Menschen drängen. Die meisten stehen bis zu den Knien im warmen Wasser und warten. Viele halten Fotoapparate bereit. Kinder paddeln auf Gummitieren herum.

„Da“, ruft Cindy aufgeregt, „neben dem blauen Fischerboot!“

Jill schaut in die angegebene Richtung, während sie einen großen bunten Ball aufpustet. Und wirklich, im klaren Wasser

der Lagune zeichnen sich deutlich die Umrisse eines Delfins ab. „Opo, mein Freund“, murmelt Jill glücklich, „da bist du ja wieder!“ Schnell setzt sie ihre Badekappe auf und läuft das letzte Stück hinunter zum Strand.

Opo umkreist das ankernde Boot. Plötzlich reckt er seinen schlanken Körper aus dem Wasser und steht für ein paar Sekunden auf seiner Schwanzflosse. Es scheint, als beobachte er aufmerksam den Strand. „Er sucht mich“, denkt Jill aufgeregt, „bestimmt will er wieder mit mir spielen.“ Sie stellt sich auf die Zehenspitzen, winkt mit beiden Armen und ruft: „Opo, Opo, ich komme.“ Dann rennt sie ins Wasser.

Jetzt hat der Delfin Jill entdeckt. Er schwimmt ganz nahe an den Strand heran. Ein paar Kinder versuchen, ihn zu berühren, aber Opo weicht allen aus. Zielstrebig steuert er auf Jill zu. Von ihr lässt er sich am liebsten streicheln.

Als Opo das Mädchen erreicht, stupst er es zur Begrüßung an und hebt seinen Kopf aus dem Wasser. Jill versteht die Aufforderung sofort. Opo will spielen. Sie legt ihren Ball auf seine Schnauze. Geschickt balanciert er die große Kugel. Dann stößt er sie hoch und weit in die Luft.

Die Zuschauer am Strand jubeln und klatschen begeistert in die Hände. Einige laufen vor Aufregung sogar vollständig bekleidet ins Wasser, um besser fotografieren zu können. Jill muss lachen. Aber dann passiert etwas Unglaubliches.

Opo hat den Ball gerade wieder weggestoßen, als er auf einmal zum Tauchen ansetzt. Jill, die breitbeinig im Wasser steht, spürt plötzlich, wie der Delfin unter sie gleitet und sie leicht anhebt. „Was soll das?“, denkt sie erschrocken. Verzweifelt versucht sie, das Gleichgewicht zu halten, doch in diesem Moment taucht Opo auch schon wieder auf und schwimmt mit Jill auf dem Rücken davon.

Jill ist so verblüfft, dass sie gar nicht auf die Idee kommt, den Delfin loszulassen.

Angestrengt bemüht sie sich, mit ihren Händen an der glatten Haut des Tieres Halt zu finden. Ihre Beine pressen sich fest an seinen Körper.

Als sie wieder aufblickt, sind sie bereits im tiefen Wasser. Jill bekommt Angst. Sie ist eine gute Schwimmerin, aber hier draußen gibt es gefährliche Strömungen. „Opo!“ Jill beugt sich zu dem Delfin hinunter. „Bring mich wieder zurück, bitte!“ Doch Opo zieht unbeirrt weiter. Immer schneller schwimmt er hinaus aufs offene Meer.

Von der Küste aus beobachten die Zuschauer entsetzt, wie der Delfin das Mädchen davonträgt. Manche schreien und reißen ihre Arme hoch. Nur der Fischer in dem blauen Boot behält die Nerven. Rasch zieht er den Anker an Bord und lässt den Motor an, um Opo und Jill hinterherzufahren.

Doch da macht der Delfin endlich wieder kehrt und schwimmt zurück zum Ufer. Jill sitzt jetzt auf seinem Rücken wie auf einem Pferd. Jetzt hat sie keine Angst mehr. Im Gegenteil: Sie lacht vor Vergnügen.

Vorsichtig setzt Opo sie schließlich im flachen Küstenwasser ab. Dann gibt er einen schnatternden Laut von sich und verschwindet.

Langsam geht Jill die letzten Schritte bis zum Ufer. Sie ist noch ganz benommen. Menschen umringen sie, klopfen ihr auf die Schultern und klatschen in die Hände. Fotoapparate klicken.

Plötzlich steht Cindy neben ihr und umarmt sie. „Oh, Jill", ruft sie erleichtert, „ich hatte solche Angst um dich!"

„Ich habe mich auch gefürchtet", gesteht Jill, „zumindest am Anfang. Aber dann war es wunderbar!"

Als Jill am nächsten Morgen zum Frühstück kommt, liegt eine Zeitung an ihrem Platz. „Du bist berühmt, Jill", lächelt ihre

Mutter und zeigt auf ein großes Bild auf der ersten Seite.

„Und Opo!“, strahlt Jill. Auf dem Foto ist deutlich zu sehen, wie sie auf dem Delfin reitet. Unter dem Bild steht: *„Jill Baker (13), die erste ‚Delfinreiterin‘ der neueren Geschichte, auf dem Rücken eines Großen Tümmlers“.*

An diesem Tag muss Jill nicht in der Teestube helfen und an den nächsten auch nicht. Die Badegäste erwarten sie schon unten am Strand. Wenn Opo kommt, stellt Jill sich nur breitbeinig hin, und der Ritt geht los. Manchmal dürfen sich auch Cindy und andere Kinder kurz auf den Rücken des Delfins setzen. Doch am liebsten spielt Opo mit Jill.

Delfine – Legende und Wirklichkeit

Delfine galten schon vor mehr als 2 000 Jahren als Freunde der Seefahrer und Dichter. Vor allem im alten Griechenland erzählte man sich viele Geschichten von hilfreichen Delfinen. Der griechische Dichtersänger **Arion** zum Beispiel wurde der Sage nach von Delfinen gerettet, als er während einer Schiffsreise beraubt und ins Meer geworfen wurde.

Minoisches Fresko (um 1500 v. Chr.)

1904 erließ die neuseeländische Regierung ein Gesetz zum Schutz des berühmten Rundkopf-Delfins **Pelorus Jack**. Das zutrauliche Tier suchte die Nähe von Menschen. Viele Delfin-Freunde unternahmen weite Reisen, um Pelorus Jack zu sehen.

Die frühen Seefahrer glaubten, dass es Glück brachte, Delfinen zu begegnen. Weil sie Reisende beschützten, wurden Delfine auf Münzen geprägt, damit man sie immer bei sich tragen konnte.

Vier helle Sterne für den Körper und ein fünfter für die Schwanzflosse bilden das Sternbild des Delfins. Die alten Griechen erzählten, dass Poseidon, der Gott der Meere, es als Dank für ihre Verdienste als Götterboten geschaffen habe.

Der bekannteste Delfin des 20. Jahrhunderts hieß **Flipper**. Er war der Star einer amerikanischen Fernsehserie. Flipper wurde von insgesamt fünf „Delfin-Schauspielern" dargestellt.

Vor wenigen Jahren wurde in Ägypten zu Ehren des Delfins **Oline** ein Denkmal errichtet, weil er einen taubstummen Jungen aus seiner Einsamkeit befreite. Beim Spielen mit Oline fand der Junge zunächst seine Sprache, dann sein Gehör wieder.

Wale in Sicht!

Jan sitzt auf einer kleinen Mauer vor dem Hotel. Es ist ein warmer Morgen, und die Sonne scheint. Aber Jan fühlt sich nicht wohl. Er hat heute Nacht von einem riesigen Wal geträumt. Der Wal war größer als das Boot, in dem sie alle saßen. Er kam ganz nahe an das Boot heran, riss sein Maul auf und ...

In diesem Augenblick kommt Tom aus dem Hotel und setzt sich neben seinen kleinen Bruder. „Gleich geht es los!"

Jan nickt. Schon den ganzen Urlaub über haben Tom und er sich auf diesen Tag gefreut. Gemeinsam mit ihrem Vater wollen sie heute auf das Meer hinausfahren und Wale beobachten. Aber jetzt, wo es endlich so weit ist, hat Jan gar keine Lust mehr.

Tom bemerkt davon nichts. „Wetten", sagt er, „dass ich mehr Wale sehe als du?"

„Du mit deinen ständigen Wetten! Na gut, von mir aus ...“, antwortet Jan widerwillig.

Tom guckt erstaunt. „Was ist los mit dir?“, fragt er erstaunt. Dann pfeift er leise durch die Zähne. „Hast du etwa Angst?“

„Unsinn! Wovor soll ich denn Angst haben?“

Eine halbe Stunde später sitzen sie auch schon in dem Boot, einem umgebauten Fischkutter. Jan klopft gegen die dicken Holzplanken. Mann, sind die dick. Der Kutter ist ganz schön groß. Größer als der größte Wal. Beruhigt macht Jan es sich auf einer Bank gemütlich.

Bald haben sie die Bucht hinter sich gelassen. Das Meer flimmert im Sonnenlicht. Tom sucht mit dem Fernglas ihres Vaters die Wasseroberfläche ab. Aber noch ist nichts zu sehen.

„Nun könnten die Wale aber bald kommen“, mault Jan nach einer Weile und gähnt. So langweilig hat er sich den Ausflug nicht vorgestellt.

Der Vater guckt auf seine Uhr. „Wir brauchen noch mindestens vierzig Minuten, bis wir am Ziel sind. Und dort werden wir auch noch warten müssen. Die Wale erscheinen nicht auf Knopfdruck.“

„Weiß ich doch.“ Jan seufzt. Der warme Wind ist jetzt etwas stärker geworden. Das Sonnensegel über ihnen knattert. Der Motor des Kutters tuckert gleichmäßig. Jan schließt seine Augen. Wenn er nur nicht so müde wäre!

Viel später, als das Land nur noch ein dünner Strich ist, drosselt der Kapitän endlich den Motor. Gespannt warten die

Urlauber. Und dann ist es so weit. Ein dunkler Fleck ist am Horizont zu sehen. Der Vater reißt sein Fernglas an die Augen. Ein graubrauner Rücken taucht langsam auf. Plötzlich schießt ein Wasserstrahl hoch in die Luft. Dann guckt ein riesiger Kopf aus dem Wasser. „Er hat Luft geholt!“, flüstert Tom aufgeregt. „Der Wal hat geatmet!“

Das riesige Tier nähert sich dem Kutter. Es ist mindestens 15 Meter lang. Tom will ein Foto machen, doch der Wal rauscht schon wieder zurück in die Tiefe.

„Das war ein Pottwal", erklärt der Vater.

Tom nickt begeistert. „Hast du seine kleinen Augen gesehen?", fragt er seinen Bruder.

Doch Jan antwortet nicht. Jan schläft.

„He", ruft Tom und rüttelt ihn, „du hast einen Wal verpasst!"

„Was? Ein Wal?" Jan blinzelt verschlafen. „Wo?"

„Warum schläfst du auch ein", grinst Tom. „Eins zu null für mich!"

„Der Wal taucht bestimmt noch einmal auf", tröstet der Vater Jan.

Doch bald darauf ziehen am Himmel dunkle Wolken auf.

„Das sieht nicht gut aus", sagt der Vater, „hoffentlich ..."

Da knackt es im Lautsprecher. Der Kapitän teilt den Urlaubern mit, dass sie umkehren müssen, weil ein Unwetter naht.

„Na, toll!" Enttäuscht schaut Jan auf das unruhige Meer. Der Kutter hat gewendet und läuft jetzt mit voller Kraft. Er schlingert und schaukelt auf den hohen Wellen. Jan hält sich an der Reling fest, um das Gleichgewicht zu halten.

„Sieh mal, Jan“, sagt sein Vater plötzlich, „da hast du ja doch noch deine Wale.“ Er zeigt über die Bordwand. Direkt neben dem Boot durchschneiden Rückenflossen das Wasser.

„Wale? So kleine?“

Die schlanken, dunklen Schatten jagen nun dicht neben dem Kutter her. Immer wieder tauchen ihre Rücken und Finnen aus den Wellen auf.

„Sind das nicht Delfine?“, fragt Jan misstrauisch.

„Richtig. Aber Delfine sind auch Wale. Kleine Wale.“

Plötzlich springt ein Delfin hoch in die Luft, dreht sich und taucht rückwärts wieder ins Wasser ein. Andere machen es ihm nach. Wieder und wieder springen sie hoch, drehen einen Salto und lassen sich ins Wasser zurückfallen.

Der Vater blickt nach vorne. „Da, schau mal!“ Auch vor dem Schiff schwimmen Delfine. Sie lassen sich vergnügt auf der steilen, rauschenden Bugwelle treiben. „Tom“, ruft Jan aufgeregt, „Tom, das musst du sehen.“

Aber Tom ist verschwunden. Erst jetzt fällt Jan auf, dass er ihn schon lange nicht mehr gesehen hat.

Suchend schaut er sich an Bord um. Überall sitzen Leute mit blassen Gesichtern auf den Bänken. Andere klammern sich an der Reling fest, um auf dem schaukelnden Boot nicht das Gleichgewicht zu verlieren. Vor der Toilette hat sich eine lange Schlange gebildet. Als die Tür aufgeht, kommt Tom heraus. Er ist ganz grün im Gesicht.

„Schnell“, ruft Jan und zeigt aufs Meer, „da sind Wale, viele! Ich habe die Wette gewonnen.“

Tom lässt sich auf seinen Platz fallen. Er antwortet nicht.

Jan muss grinsen. „Bist du seekrank?“

„Quatsch. Aber hier gibt es doch keine Wale.“

„So?“, sagt Jan, „und was ist das?“ Er zeigt aufs Meer. Doch die Delfine sind schon wieder verschwunden.

„Wale?“ fragt Tom ungläubig.

„Na ja“, antwortet der Vater, „Delfine. Aber vielleicht sehen wir morgen oder übermorgen nochmal welche.“

„Delfine sind nämlich auch Wale“, platzt Jan heraus.

„Meinetwegen“, murmelt Tom. Er wankt in Richtung Toilette. „Dann hast du eben auch mal eine Wette gewonnen.“

Körperbau der Delfine

Delfine sind Säugetiere, keine Fische. Sie atmen wie Landtiere durch Lungen und bringen lebende Junge zur Welt, die sie auch säugen. Obwohl sie viel kleiner sind, gehören Delfine zu den Walen.

Der älteste bekannte Vorfahre der Delfine lebte an Land. Er hieß **Pakicetus**, ernährte sich von Fleisch und hatte ein Fell. Seine Nachfahren gingen vor etwa 50 Millionen Jahren zurück ins Wasser.

Der Körper der Delfine ähnelt dem von Fischen. Er endet in einer breiten Schwanzflosse, der **Fluke**. Die Rückenflosse heißt **Finne**, die Brustflossen nennt man **Flipper**.

Delfine ernähren sich von Fischen und Tintenfischen, die sie am Stück verschlingen. Ihre kleinen, kegelförmigen Zähne dienen nur dazu, die Beute zu packen und festzuhalten.

Delfine atmen durch ein halbmondförmiges Blasloch oben am Kopf. Beim Tauchen schließt sich das Blasloch.

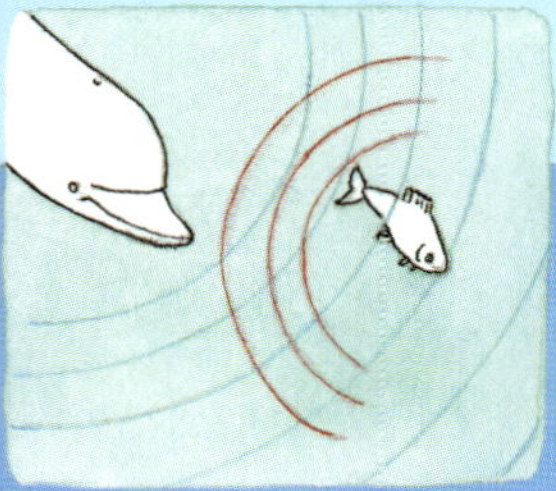

Unter Wasser erzeugen Delfine Schallwellen, die für Menschen unhörbar sind. Mit ihrer Hilfe finden sie sich in der Dunkelheit unter Wasser zurecht und spüren ihre Beute auf.

Delfine sind gute Schwimmer. Sie erreichen Geschwindigkeiten von über 40 Stundenkilometern. Außerdem können sie 300 m tief tauchen. Mindestens alle fünf Minuten müssen sie auftauchen, um zu atmen.

Rettung in der Not

„Das gibt es doch nicht! So ein Mist!“, schimpft Pablo plötzlich, als er das Schlauchboot aus dem Wasser zieht.

„Was ist los?“, fragt Juan.

„Mein Rucksack ist nicht da! Ich muss ihn drüben vergessen haben.“

Drüben, das ist die Pirateninsel. Sooft es geht, paddeln Pablo und Juan mit ihrem Schlauchboot hinüber. Dann streifen sie auf der unbewohnten Insel umher oder erforschen die vielen Höhlen. Am liebsten jedoch klettern sie auf den Berg über der Bucht. Von dort beobachten sie die Delfine, die sich im Meer tummeln.

„Wir müssen noch einmal zurück und ihn holen“, sagt Pablo.

„Spinnst du?“ Juan zeigt auf seine Uhr. „Weißt du, wie spät es ist? Auf der Insel klaut den Rucksack doch keiner.“

Pablo schüttelt den Kopf. „Ja, aber das Handy meines Vaters ist drin. Das braucht er morgen Früh.“ Er schiebt das Schlauchboot ins Wasser. „Wenn du nicht mitkommst, fahre ich eben allein.“

„Na gut“, seufzt Juan und reicht Pablo die Paddel, „ich begleite dich. Aber du ruderst.“

Der Wind steht günstig. Er weht hinaus aufs Meer, und sie kommen gut voran. Für die Rückfahrt ist das allerdings nicht so gut. Aber Pablo rudert gern. Er ist groß und kräftig, viel kräftiger als Juan.

Nach zwanzig Minuten erreichen sie die Pirateninsel. Es ist totenstill. Die untergehende Sonne taucht die Felsen in ein rötliches Licht. Geschickt steuert Pablo eine kleine Bucht an und setzt das Boot vorsichtig auf den Strand.

„Du kannst im Boot warten", bietet Juan seinem Freund an, „ich hole rasch den Rucksack. Wo hast du ihn vergessen?"

„Schau am besten zuerst in der Drachenhöhle nach. Da sind wir zuletzt gewesen."

Juan verschwindet hinter einem Felsen. Schon nach wenigen Minuten ist er wieder zurück. In seinen Händen hält er den Rucksack.

Pablo nickt zufrieden. „Danke. Und nun los. Gleich wird es dunkel."

Auf dem Rückweg spürt Pablo, wie stark der Wind ist. Sie kommen kaum vorwärts, obwohl Pablo mit ganzer Kraft rudert. Doch der Gegenwind wird immer heftiger. Und das Land ist noch weit weg. Pablo keucht und schwitzt. Er sehnt sich nach einer Pause. Aber sobald er aufhört zu rudern, treibt das Boot zurück.

„Kannst du noch?", fragt Juan und

schielt besorgt auf den keuchenden Freund.

Pablo antwortet nicht. Verzweifelt stemmt er sich gegen den Wind. Seine Handflächen brennen, und seine Arme werden immer schwerer. Hätte er den Rucksack doch nur auf der Insel gelassen!

„Ich kann nicht mehr!“, sagt er plötzlich, „ruder du mal – ein paar Minuten bloß.“

Juan nickt und kriecht auf Pablos Platz zu. Da passiert es. Als Pablo aufsteht, erfasst ihn ein Windstoß. Pablo verliert das Gleichgewicht und fällt, zusammen mit den Rudern, ins Wasser.

Er ist ein guter Schwimmer. Aber das Boot ist zu schnell. Blitzartig treibt der Wind es zur Insel zurück. Pablo kann es nicht mehr erreichen. Juan kauert hilflos im Boot und blickt entsetzt zu Pablo zurück.

„Das Handy“, ruft Pablo ihm zu, „hol Hilfe!“

Dann ist das Boot auch schon außer Sicht. Pablo beginnt zu schwimmen. Aber bis zur Insel sind es noch mindestens tausend Meter.

Das Wasser ist warm, aber die Wellen sind schlimm. Immer wieder überrollen sie Pablo von hinten. Schon ein paarmal hat er Wasser geschluckt. Da schlägt wieder eine über ihm zusammen. Er hustet und prustet. Wasser rauscht in seinen Ohren, füllt seinen Mund. Mühsam kämpft er sich wieder nach oben.

„Ich muss mich auf den Rücken legen“, denkt Pablo, „nur ein bisschen ausruhen.“ Er dreht sich um und lässt sich treiben. Das ist zwar nicht mehr so anstrengend, aber immer noch überrollen ihn die Wellen.

Da stupst ihn plötzlich etwas von unten an. Erschrocken will Pablo aufschreien, aber er hat den Mund schon wieder voller Wasser. Was ist das? Noch dreimal wird er angestupst, dann spürt er zwei große, glitschige Körper unter sich. Sie nehmen Pablo in ihre Mitte und heben ihn hoch, so hoch, dass er endlich wieder richtig atmen kann. Pablo kann es kaum glauben. Sind das wirklich Delfine? Als er den ersten Schreck überwunden hat, streckt er vorsichtig seine Arme aus. Sie berühren die Rückenflossen der Delfine. Pablo klammert sich an ihnen fest. Wie auf einer Luftmatratze tragen ihn seine Retter über das Wasser.

Zielsicher schwimmen sie auf die Pirateninsel zu.

Kurz vor der kleinen Bucht tauchen die Delfine plötzlich weg. Pablo sieht sich suchend um, doch sie sind verschwunden. Und da packt ihn auch schon eine Welle und schiebt ihn an den Strand.

Dort liegt auch das Schlauchboot. Ein paar Meter weiter, auf einem großen Stein, sitzt Juan. „Du?“, sagt er ungläubig, als er seinen Freund aus dem Wasser kriechen sieht. „Wie hast du es denn so schnell hierher geschafft?“

„Delfine!“ Pablo zeigt aufgeregt aufs Meer hinaus. „Zwei Delfine haben mich gebracht!“

Mit offenem Mund starrt Juan ihn an und sagt erst einmal gar nichts mehr.

In diesem Moment leuchten drüben am Land Scheinwerfer auf. Rasch kommen die Lichter eines Motorbootes auf sie zu.

Delfinarten

Es gibt über 30 verschiedene Arten von Delfinen. Der kleinste von ihnen ist der Hector-Delfin. Er wird etwas über einen Meter lang. Der größte ist der 9 m lange Orca oder Schwertwal. Delfine kommen vor allem in wärmeren Meeresgebieten vor. Besonders viele Delfine gibt es in der Karibik, im westlichen Mittelmeer sowie zwischen Australien und Neuseeland.

Der bekannteste Delfin ist der **Große Tümmler**. Er kommt in beinahe allen Meeren vor, sogar in der Nordsee. Große Tümmler werden über 3 m lang.

Der **Gemeine Delfin** ist eine der am meisten verbreiteten Arten. „Gemein" bedeutet „gewöhnlich". Er zeigt gerne Kunststücke wie Saltos oder hohe Sprünge und reitet oft auf den Bugwellen der Schiffe.

In den tiefen Gewässern des südlichen Polarmeeres lebt der **Stundenglas-Delfin**. Die Zeichnung auf seiner Haut erinnert an die zwei Hälften einer Sanduhr. (Sanduhren wurden früher auch Stundenglas genannt.)

Delfine gibt es auch im Süßwasser, also in Flüssen. Flussdelfine sind fast blind. Der größte von ihnen ist der **Amazonas-Delfin**.

Viele Delfine ziehen in Gruppen umher, den **Schulen**. Größere Entfernungen legen sie in ganz bestimmten Ordnungen zurück. So schwimmen sie oft 100 km am Tag.

Beim Fangen von Fischschwärmen arbeiten Delfine gerne zusammen. Zum Beispiel zwingen sie die Fische mit dem „**Karussell**" in eine enger werdende Kreisbewegung, um sie leichter fangen zu können.

Delfine sind sehr hilfsbereit. Wenn ein anderes Tier schwach oder krank ist, helfen sie ihm. Manchmal werden sogar Menschen von Delfinen vor dem Ertrinken gerettet.

Heidis Lächeln

Heute ist ein ganz besonderer Tag. Heute hat Lisa Geburtstag. Und heute wird sie Heidi sehen. Heidi ist ein Delfin. Ein großes Poster von ihr hängt an der Wand über ihrem Bett. Jeden Morgen, wenn Lisa aufwacht, lächelt Heidi ihr freundlich zu. Und abends, wenn Lisa wieder einmal viel zu früh ins Bett muss, ist es Heidis Lächeln, das sie tröstet.

Heidi ist nicht nur wunderschön. Sie ist auch klug und hilfsbereit. Das hat Lisa in einem Informationsheftchen des Delfinariums gelesen. Das Delfinarium ist der Ort, wo Heidi zusammen mit anderen Delfinen lebt. Schon lange möchte Lisa sie einmal dort besuchen und in ihr lächelndes Gesicht sehen. Und heute ist es endlich so weit.

„Da ist sie“, ruft Lisa ihren Eltern aufgeregt zu, „da ist Heidi!“ Von einem Plakat über dem Eingang des Delfinariums lächelt Heidi herunter. Sie ist der Höhepunkt der heutigen Vorstellung.

„Na, dann kommt mal“, sagt Lisas Papa. Er hat die Karten schon in der Hand.

Lisa staunt, als sie die große Halle betreten. Sie ist kreisrund wie ein Zirkus. In der Mitte leuchtet ein Wasserbecken. Die Halle ist schon fast voll.

„Cool!“ Gespannt lässt sich Lisa auf ihren Sitz fallen. Sie kann es kaum noch erwarten, Heidi zu sehen.

Da geht auch schon ein Raunen durch die Zuschauerreihen. Eine blonde Frau im Badeanzug erscheint am Beckenrand. „Das ist die Delfintrainerin“, erklärt Lisas Mutter. „Jetzt geht es los.“

Und schon taucht auch ein Delfin im Wasser auf. Die Trainerin pfeift. Der Delfin steigt kerzengerade aus dem Wasser, lächelt und meckert fröhlich. Dann balanciert er auf seiner Schwanzflosse, der Fluke, und lässt sich rücklings wieder ins Wasser plumpsen.

„Heidi“, strahlt Lisa, „das ist Heidi.“

Doch da spricht die Trainerin in ihr Mikrofon. „Das ist Fritz. Fritz, sag doch mal schön Guten Tag!“

Fritz kommt zum Beckenrand geschwommen. Bereitwillig dreht er sich auf die Seite. Die Trainerin ergreift seine Flosse und drückt sie leicht.

Die Zuschauer klatschen.

Lisa glaubt es immer noch nicht. „Das muss Heidi sein! Seht doch, wie sie lächelt.“

Aber jetzt erscheinen zwei weitere Delfine. Die Trainerin stellt sie vor: Tobi und Jonas. Auch sie lächeln und reichen ihr die Flosse. Dann lassen die drei Delfine nacheinander quietschende und knarrende Laute ertönen. Anschließend tauchen sie unter, jagen los, durchbrechen gleichzeitig die Wasseroberfläche und fliegen gemeinsam mehrere Meter hoch durch die Luft.

„Oh!“, staunt Lisa. Für einen Augenblick hat sie Heidi vergessen. Plötzlich hört sie die Stimme der Trainerin aus dem Lautsprecher: „Ist unter den Zuschauern eine Lisa?“

Lisa erstarrt. Meint die Trainerin etwa sie?

„Na los“, schmunzelt ihre Mutter, „nun melde dich schon.“

Zögernd steht Lisa auf.

„Kommst du bitte mal zu mir?“, fragt die Trainerin und winkt ihr freundlich zu. „Du hast doch heute Geburtstag, oder?“

Lisa nickt. Natürlich, das hätte sie beinahe vergessen.

„Sieh mal, Lisa“, die Trainerin zeigt ins Wasser, „hier ist jemand, der dir gratulieren möchte.“ Ein weiterer Delfin nähert sich. Er ist etwas größer als die anderen drei.

„Das ist unsere Heidi“, sagt die Trainerin.

„Heidi“, ruft Lisa und tritt an den Beckenrand.

Der Delfin lächelt und hält Lisa seine Brustflossen entgegen. „Heidi“, sagt Lisa noch einmal glücklich und berührt eine Flosse. Heidi lächelt sie immer noch fröhlich an. Dann bewegt sie sich rückwärts durch das Becken. Dabei steht sie immer noch aufrecht im Wasser. Die Zuschauer jubeln.

Später weiß Lisa nicht mehr, wie sie auf ihren Platz zurückgekommen ist. Sie weiß nur noch, dass Mama sie gedrückt und

Papa gesagt hat: „Nun hast du endlich deine Heidi kennen gelernt.“

Die Vorstellung geht weiter. Lisa sieht nur noch Heidi. Wie klug und wie lustig sie doch ist! Zum Abschluss spielen die Delfine Ball. Geschickt schießen sie große Plastikkugeln hin und her. Plötzlich trifft ein scharf geschossener Ball Heidi genau auf die Schnauze.

„Aua“, ruft Lisa erschrocken. Die Zuschauer lachen vergnügt.

Heidi stößt einen kurzen Laut aus. Dabei lächelt sie, wie immer.

„Hat ihr das nicht wehgetan?", fragt Lisa verwundert. „Heidi lächelt ja immer noch!"

„Delfine wie Heidi, Große Tümmler, sehen immer aus, als lächelten sie", erklärt ihre Mutter. „Auch wenn ihnen etwas wehtut oder sie traurig sind. Ihre Mundwinkel sind von Natur aus nach oben gebogen."

Lisa schweigt verblüfft.

An diesem Abend liegt Lisa noch lange wach. Vielleicht ist Heidi gar nicht immer glücklich und gut gelaunt. Vielleicht fühlt sie sich sogar in dem Delfinarium gar nicht wohl und lächelt trotzdem Tag für Tag?

Lisa schaltet ihre Lampe an. Noch einmal betrachtet sie das Poster mit der ewig lächelnden Heidi. „Eigentlich ist es ein trauriges Lächeln", denkt Lisa und löscht das Licht. Aber schlafen, das kann sie noch lange nicht.

Delfinarien

Lebende Delfine in Gefangenschaft wurden zum ersten Mal vor über 130 Jahren zur Schau gestellt. Heute gibt es zahlreiche Delfinarien. Nicht immer fühlen sich die Tiere in ihnen wohl.

Der Fang und Transport von Delfinen belastet die empfindlichen Tiere sehr. Besondere Hängematten, die extra für diesen Zweck entwickelt wurden, sollen die Reise erleichtern.

Es ist nicht allzu schwer, Delfine zu dressieren. Die Tiere spielen gern und sind sehr lernwillig.
Am häufigsten sind in den Delfinarien Große Tümmler zu sehen.

Manchmal wirkt es, als würde ein Delfin aufrecht im Wasser „stehen“. Das gelingt ihm durch schnelle, wirbelnde Schläge seiner Schwanzflosse.

Delfine können sehr hoch springen. Im Delfinarium springen sie nach hochgehaltenen Fischen, über gespannte Seile oder sogar durch brennende Reifen.

Beim berühmten Simultan-Hochsprung fliegen drei bis fünf Delfine nebeneinander mehrere Meter hoch im Bogen durch die Luft.

Urlaub mit Delfin

„Auch das noch!“, schimpft Ben, als er in das Schwimmbecken steigt. Erstens ist das Wasser kalt. Und zweitens ist es Meerwasser. Er hat gewusst, warum er keine Lust auf diesen Urlaub hatte.

„Wäre ich bloß zu Hause geblieben“, jammert Ben. „Da müsste ich kein kaltes Salzwasser schlucken, Daniel wäre da, und ich hätte Lea nicht ständig am Hals!“ Lea ist Bens kleine Schwester.

„Also wirklich, Ben, du übertreibst!“, lacht seine Mutter. „Erstens ist das Wasser zu Hause noch viel kälter. Zweitens musst du es ja nicht trinken.
Und drittens wirst du wohl mal eine Woche ohne Daniel auskommen.“

„Und viertens gehe ich jetzt mit Lea an den Strand“, verkündet sein Vater. „Dann hast du hier deine Ruhe ...“

„Ist ja schon gut“, sagt Ben hastig, „ich komme mit.“

Der Strand ist lang und breit. Der helle Sand schimmert in der Sonne. Urlauber sitzen unter bunten Sonnenschirmen. Links stehen ein paar Häuser. Weiter hinten liegen Fischerboote im Sand. Die muss Ben sich genauer anschauen.

Als sie näher kommen, sehen sie eine Gruppe von Leuten, die sich aufgeregt unterhalten und mit den Händen fuchteln. Einer von ihnen spricht hektisch in sein Handy.

„Da muss etwas passiert sein“, sagt Ben und rennt los.

Als er die Leute erreicht, bleibt er wie angewurzelt stehen. Zwischen zwei Fischerbooten liegt ein riesiger Fisch im seichten Wasser. Er bewegt sich nicht. Die Wellen schieben ihn hin und her.

„Ein Fisch“, ruft Ben, „guck mal, Papa, da ist ein großer toter Fisch.“

„Nicht Fisch“, erklärt ein Mann in gebrochenem Deutsch. Es ist der, der gerade noch telefoniert hat. „Großer Delfin. Er lebt.“

„Wir müssen ihn herausholen“, schlägt ein älterer Urlauber vor, „sonst ertrinkt er.“

„Wie kann ein Delfin nur ertrinken?“, wundert sich Ben. Aber er sagt nichts.

Inzwischen ist auch sein Vater eingetroffen. Er nimmt Lea von seinen Schultern und stellt sie neben Ben auf den Boden. Dann sagt er auf Spanisch etwas zu dem Mann mit dem Handy.

Der Mann nickt. Gemeinsam mit vier anderen Urlaubern nähern sie sich dem Delfin. Vorsichtig ziehen sie ihn ein Stück aus dem Wasser heraus. Der Kopf des Tieres liegt jetzt im Sand. Der Delfin hat sich kaum bewegt. Er ist sehr matt und blutet aus mehreren Wunden.

„Und nun?“, fragt der ältere Urlauber und fährt sich über die Stirn.

„Feuerwehr ist unterwegs“, sagt der Mann mit dem Handy. „Delfin muss nass bleiben.“ Dabei schöpft er mit beiden Händen Wasser und lässt es über den Delfin rinnen.

Ben und die anderen helfen ihm. Dann kommt endlich die Feuerwehr. Die Feuerwehrleute haben Eimer mitgebracht und begießen den Delfin mit Wasser.

Inzwischen spricht ein Feuerwehrmann lautstark auf den Mann mit dem Handy ein. Offenbar beratschlagen sie, was als Nächstes zu tun ist. Bens Vater steht daneben. Plötzlich zeigt er auf sich und sagt etwas. Der Feuerwehrmann guckt ihn ungläubig an. „Wirklich Meerwasser?"

„Genau", nickt der Vater, „frisch und kalt. Und nicht weit von hier bei unserem Ferienhaus."

Der Feuerwehrmann telefoniert. Dann sagt er: „Transporter kommt gleich. Und danke."

Ben versteht gar nichts mehr. Was hat ihr Ferienhaus mit den Delfinen zu tun? Sein Vater nimmt Lea hoch. „Komm, Ben, wir müssen los."

„Wieso denn? Gerade jetzt, wo es spannend wird!"

„Zu Hause wird es noch spannender", grinst sein Vater. „Der Delfin kommt zu uns, bis er wieder gesund ist!"

„Zu uns?"

„In unser Schwimmbecken. Weil es mit Meerwasser gefüllt ist."

Ben strahlt. „Toll!"

Eine halbe Stunde später hält ein Lastwagen vor dem Ferienhaus. Auf seiner Ladefläche steht ein seltsames Gestell. Es sieht aus wie eine Hängematte.

„Sieh nur", sagt Ben zu Lea. In dem Gestell hängt der verletzte Delfin. Nur sein Kopf und der Schwanz schauen hervor. Feuchte Tücher bedecken seine Haut, damit sie nicht austrocknet.

Eine Art Kran hebt die Hängematte über die Hecke. Im Schwimmbecken warten schon die Helfer. Langsam taucht das

Gestell ins Wasser ein. Die Helfer nehmen dem Delfin die nassen Tücher ab. Dann lösen sie die Hängematte. Einen Moment lang liegt der Delfin regungslos im Wasser.

„Hoffentlich schwimmt er“, sagt Bens Vater.

Jetzt bewegt der Delfin leicht seine Flossen. Vorsichtig probiert er einige schnellere Bewegungen. Und schließlich beginnt er, im Becken umherzuschwimmen.

„Er schwimmt, er schwimmt“, jubeln Lea und Ben. Eifrig fragt Ben: „Und womit soll ich den Delfin füttern?“

Die Männer lächeln. „Das machen wir schon“, antwortet einer der Helfer in gutem Deutsch. Es ist der Tierarzt. „Wahrscheinlich frisst er erst einmal gar nichts. Und dann frische Fische, hoffentlich.“

„Die kann ich doch angeln“, schlägt Ben vor.

Der Tierarzt lacht: „Da wärst du den ganzen Tag beschäftigt." Er überlegt. „Aber vielleicht kannst du den Delfin ab und zu besuchen und mit ihm sprechen. Das wäre toll. Dann fühlt er sich nicht so allein."

„Klar!" Ben ist begeistert.

Auch Lea strahlt. „Vielleicht", denkt Ben, „wird der Urlaub ja doch nicht so schlecht wie erwartet!"

Delfine in Gefahr

In einigen Gegenden der Welt sind die Delfine bedroht. Viele von ihnen verfangen sich in den Treibnetzen großer Fischkutter und ertrinken. Manche dieser Treibnetze sind 100 km lang.

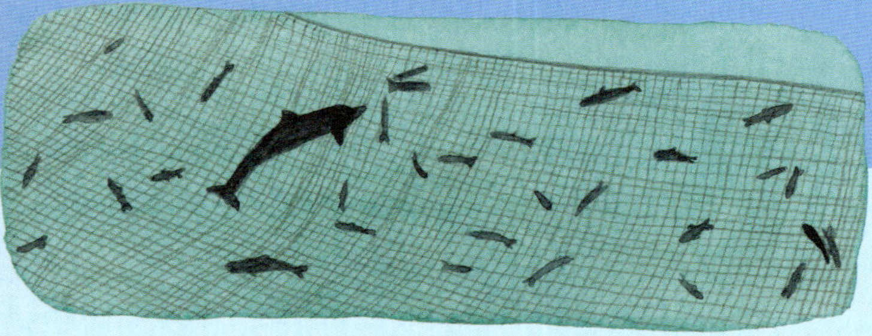

Thunfischdosen haben häufig den Aufdruck „Delfinfreundlich gefangen". Das soll heißen, dass dieser Fisch nicht mit Treibnetzen gefangen wurde, in denen Delfine sterben.

Einige Meeresgebiete sind stark verschmutzt. Das schadet auch den Delfinen. Manche Kapitäne reinigen die Tanks ihrer Schiffe, indem sie Ölreste einfach ins Meer ablassen.

Am stärksten gefährdet ist der **Chinesische Flussdelfin**. Der Baiji, wie er auch heißt, lebt im Jangtse, einem großen Fluss in China. Abfälle, Schiffsverkehr, Lärm und der Bau von Staudämmen zerstören seinen Lebensraum.

In einigen Ländern wird die Lernfähigkeit der Delfine missbraucht, um sie in den Dienst des Militärs zu stellen.
Sie helfen zum Beispiel bei der Suche nach Minen unter Wasser.

Das ist die Rückenflosse von Mo. Mo lebt mit 130 anderen Delfinen an der nordöstlichen Küste Schottlands. Die zunehmende Verschmutzung der Nordsee bedroht diese Tiere. Wer möchte, kann für sie eine Patenschaft übernehmen. Infos bekommt ihr unter dieser Adresse:

WDCS Deutschland
Altostraße 43
81245 München
E-Mail: info.de@wdcs.org

Rainer Crummenerl wurde 1942 in Falkenberg/Elster geboren. Er machte eine Ausbildung zum Journalisten und arbeitete bei verschiedenen Zeitungen. Irgendwann hat er angefangen, die Streiche und Erlebnisse seiner beiden Kinder in Geschichten zu verarbeiten. Das machte ihm so viel Spaß, dass er noch heute vor allem für Kinder schreibt. Rainer Crummenerl lebt als freier Autor in der Nähe von Leipzig.

Udo Kruse-Schulz wurde 1960 geboren. Schon in der Schule stand für ihn fest, dass er Illustrator werden wollte. Nach dem Abitur studierte er in Hamburg aber erst einmal klassische Archäologie, bevor er seinen Traum, Grafik mit Schwerpunkt Illustration zu studieren, tatsächlich wahr machte. Udo Kruse-Schulz lebt mit seiner Frau und seinen fünf Katzen in der Nähe von Hamburg.